PAUL ROMANUK

LE HOCKEY
SES SUPERVEDETTES

2016-2017

Avec 17 mini-affiches des vedettes et
ton dossier personnel de la saison

Texte français : Gilles Terroux

Éditions
■SCHOLASTIC

LES ÉQUIPES

ASSOCIATION DE L'OUEST – DIVISION PACIFIQUE

FLAMES DE CALGARY
Couleurs : rouge, or, noir et blanc
Aréna : Scotiabank Saddledome
Mascotte : Harvey
Coupe Stanley : 1

OILERS D'EDMONTON
Couleurs : blanc, bleu marine et orange
Aréna : Rogers Place
Coupes Stanley : 5

DUCKS D'ANAHEIM
Couleurs : noir, or, orange et blanc
Aréna : Honda Center
Mascotte : Wild Wing
Coupe Stanley : 1

KINGS DE LOS ANGELES
Couleurs : blanc, noir et argent
Aréna : Staples Center
Mascotte : Bailey
Coupes Stanley : 2

COYOTES DE L'ARIZONA
Couleurs : rouge, noir, sable et blanc
Aréna : Gila River Arena
Mascotte : Howler

CANUCKS DE VANCOUVER
Couleurs : bleu, argent, vert et blanc
Aréna : Rogers Arena
Mascotte : Fin

SHARKS DE SAN JOSE
Couleurs : bleu sarcelle, blanc, orange et noir
Aréna : SAP Center à San Jose
Mascotte : S.J. Sharkie

ASSOCIATION DE L'OUEST – DIVISION CENTRALE

BLACKHAWKS DE CHICAGO
Surnom : Hawks
Couleurs : rouge, noir et blanc
Aréna : United Center
Mascotte : Tommy Hawk
Coupes Stanley : 6

AVALANCHE DU COLORADO
Surnom : Avs
Couleurs : bourgogne, argent, noir, bleu et blanc
Aréna : Pepsi Center
Mascotte : Bernie
Coupes Stanley : 2

STARS DE DALLAS
Couleurs : vert, blanc, noir et argent
Aréna : American Airlines Center
Coupe Stanley : 1

PREDATORS DE NASHVILLE
Surnom : Preds
Couleurs : bleu foncé, blanc et or
Aréna : Bridgestone Arena
Mascotte : Gnash

WILD DU MINNESOTA
Couleurs : rouge, vert, or, blé et blanc
Aréna : Xcel Energy Center
Mascotte : Nordy

JETS DE WINNIPEG
Couleurs : bleu foncé, bleu, gris, argent, rouge et blanc
Aréna : MTS Centre
Mascotte : Mick E. Moose

BLUES DE ST. LOUIS
Couleurs : bleu, or, bleu foncé et blanc
Aréna : Scottrade Center
Mascotte : Louie

ASSOCIATION DE L'EST – DIVISION ATLANTIQUE

MAPLE LEAFS DE TORONTO
Surnom : Leafs
Couleurs : bleu et blanc
Aréna : Air Canada Centre
Mascotte : Carlton
Coupes Stanley : 11

. . . .

SABRES DE BUFFALO
Couleurs : bleu marine, or,
argent et blanc
Aréna : First Niagara Center
Mascotte : Sabretooth

. . . .

PANTHERS DE LA FLORIDE
Surnom : Cats
Couleurs : rouge, bleu marine, jaune, or et blanc
Aréna : BB&T Center
Mascotte : Stanley C. Panther

SÉNATEURS D'OTTAWA
Surnom : Sens
Couleurs : noir, rouge,
or et blanc
Aréna : Centre Canadian Tire
Mascotte : Spartacat

. . . .

LIGHTNING DE TAMPA BAY
Surnom : Bolts
Couleurs : bleu, noir et blanc
Aréna : Amalie Arena
Mascotte : ThunderBug
Coupe Stanley : 1

CANADIEN DE MONTRÉAL
Surnom : Tricolore
Couleurs : bleu, blanc et rouge
Aréna : Centre Bell
Mascotte : Youppi
Coupes Stanley : 24

. . . .

RED WINGS DE DETROIT
Surnom : Wings
Couleurs : rouge et blanc
Aréna : Joe Louis Arena
Mascotte (officieuse) : Al la pieuvre
Coupes Stanley : 11

. . . .

BRUINS DE BOSTON
Surnom : Bs
Couleurs : or, noir et blanc
Aréna : TD Garden
Mascotte : Blades
Coupes Stanley : 6

ASSOCIATION DE L'EST – DIVISION MÉTROPOLITAINE

RANGERS DE NEW YORK
Surnom : Blueshirts
Couleurs : bleu, blanc et rouge
Aréna : Madison Square Garden
Coupes Stanley : 4

. . . .

BLUE JACKETS DE COLUMBUS
Surnom : Jackets
Couleurs : bleu, rouge, argent et blanc
Aréna : Nationwide Arena
Mascotte : Stinger

. . . .

CAPITALS DE WASHINGTON
Surnom : Caps
Couleurs : rouge, bleu marine et blanc
Aréna : Verizon Center
Mascotte : Slapshot

ISLANDERS DE NEW YORK
Surnom : Isles
Couleurs : orange, bleu et blanc
Aréna : Barclays Center
Mascotte : Sparky le dragon
Coupes Stanley : 4

. . . .

PENGUINS DE PITTSBURGH
Surnom : Pens
Couleurs : noir, or et blanc
Aréna : Consol Energy Center
Mascotte : Iceburgh
Coupes Stanley : 4

FLYERS DE PHILADELPHIE
Couleurs : orange, blanc et noir
Aréna : Wells Fargo Center
Coupes Stanley : 2

. . . .

DEVILS DU NEW JERSEY
Couleurs : rouge, noir et blanc
Aréna : Prudential Center
Mascotte : N.J. Devil
Coupes Stanley : 3

. . . .

HURRICANES DE LA CAROLINE
Surnom : Canes
Couleurs : rouge, noir, gris et blanc
Aréna : PNC Arena
Mascotte : Stormy
Coupe Stanley : 1

TON ÉQUIPE PRÉFÉRÉE

Ton équipe préférée : _____

Association et division : _____

Joueurs de ton équipe préférée au début de la saison :

Numéro	Nom	Position
_____	_____	_____
_____	_____	_____
_____	_____	_____
_____	_____	_____
_____	_____	_____
_____	_____	_____
_____	_____	_____
_____	_____	_____
_____	_____	_____
_____	_____	_____
_____	_____	_____
_____	_____	_____
_____	_____	_____

Changements, échanges, nouveaux joueurs

_____   _____   _____
_____   _____   _____
_____   _____   _____
_____   _____   _____
_____   _____   _____
_____   _____   _____
_____   _____   _____
_____   _____   _____

Classement final

Écris le nom de l'équipe qui, d'après toi, remportera le championnat dans chacune des quatre divisions.

_____ **DIVISION PACIFIQUE**

_____ **DIVISION CENTRALE**

DIVISION ATLANTIQUE _____

DIVISION MÉTROPOLITAINE _____

Les éliminatoires

Choisis les deux équipes qui s'affronteront lors de la finale de la Coupe Stanley, puis encercle le nom de celle qui, d'après toi, remportera la victoire.

Champions de l'Association de l'Est : _____

Champions de l'Association de l'Ouest : _____

TON ÉQUIPE PRÉFÉRÉE

Les progrès de ton équipe pendant la saison

Le classement des équipes est indiqué sur le site LNH.com et dans la section des sports du journal. Tu peux y apprendre quelle équipe est en première place, en deuxième place, et ainsi de suite, jusqu'à la dernière place.

Vérifie le classement le même jour de chaque mois et note les résultats de ton équipe. Tu seras alors en mesure de suivre ses progrès.

Voici les abréviations les plus couramment utilisées :

MJ : matchs joués

MG : matchs gagnés

MP : matchs perdus

DP : défaites en prolongation

PTS : points

A : aides

B : buts

	MJ	MG	MP	DP	PTS
1er NOVEMBRE					
1er DÉCEMBRE					
1er JANVIER					
1er FÉVRIER					
1er MARS					
1er AVRIL					
1er MAI					

Classement final

Inscris ici les résultats de ton équipe à la fin de la saison.

NOM DE TON ÉQUIPE	MJ	MG	MP	DP	PTS

La fiche de tes joueurs préférés

Tout en suivant les progrès de ton équipe préférée, tu peux aussi remplir une fiche sur tes joueurs favoris. Tu n'as qu'à indiquer, au début de chaque mois, le total des points qu'ils ont obtenus.

Joueur	1er nov.	1er déc.	1er janv.	1er févr.	1er mars	1er avril	1er mai

La fiche de ton gardien de but préféré

Tu peux noter ici la moyenne de ton gardien de but préféré. MBA est l'abréviation de « moyenne de buts accordés », ce qui veut dire la moyenne de buts marqués contre un gardien au cours de la saison.

Gardien	1er nov.	1er déc.	1er janv.	1er févr.	1er mars	1er avril	1er mai

JAMIE BENN

Au début de la saison dernière, un journaliste a demandé à Jamie Benn s'il aurait imaginé à l'âge de 14 ou 15 ans qu'il remporterait un jour le trophée du meilleur marqueur de la LNH, exploit qu'il a accompli en 2015. Jamie a souri et a dit: « Non seulement je n'aurais jamais imaginé une telle chose, mais j'aurais ri. »

« Benn est un homme tellement fort et calme en possession de la rondelle que vous devez être au mieux de votre forme pour le contrer. » — Todd McLellan, entraîneur des Oilers d'Edmonton

---

Jamie est l'exemple même du joueur qui s'est élevé au niveau de supervedette. Des midgets aux juniors, Jamie s'est amélioré d'une saison à l'autre. Il est devenu plus fort physiquement, a amélioré son coup de patin et a toujours travaillé avec ardeur. Quand Jamie a fait le saut chez les professionnels, plusieurs recruteurs voyaient en lui un solide joueur, mais pas une future vedette. Jamie a été choisi au 5e tour, 129e au total, par les Stars de Dallas en 2007.

« À bien y penser, je dois admettre que l'ordre du repêchage m'importait peu. J'étais tout simplement heureux d'avoir été *choisi*. J'étais au septième ciel. »

Jamie a travaillé encore plus fort pour perfectionner son jeu en améliorant sa forme physique. Après une excellente dernière saison chez les juniors, qui a mené Kelowna au championnat de la Ligue de l'Ouest, il a participé au tournoi de la Coupe Memorial. Il a fait ses débuts dans la LNH la saison suivante et n'a jamais cessé de progresser. Ses statistiques ont connu une hausse constante et il a été couronné meilleur marqueur lors de sa 6e saison dans la LNH.

« Voilà un gars très déterminé, dit son entraîneur Lindy Ruff. Il peut jouer dans toutes les situations, en infériorité numérique, sur le jeu de puissance; il est le genre de joueur que je veux sur la patinoire dans la dernière minute d'une période ou d'un match. C'est un excellent leader et un bon coéquipier. »

Si le passé est garant de l'avenir, attendez-vous à ce que Jamie continue à travailler fort et fasse tout pour être encore meilleur.

LE SAVAIS-TU?

Bien qu'il ait largement contribué à la conquête de la médaille d'or du Canada aux Jeux olympiques de Sotchi en 2014, Jamie n'était pas sur la liste des 47 joueurs invités au camp d'entraînement en juillet 2013. Il était un des deux joueurs de l'équipe olympique qui n'avait pas été invité!

SOUVENIR

La supervedette Joe Sakic était l'idole de jeunesse de Jamie. « Il était mon joueur préféré. Je voulais lui ressembler. »

Statistiques 2015-2016

MJ	B	A	PTS
82	41	48	89

Cinquième choix des Stars de Dallas, 129e au total,
au repêchage d'entrée dans la LNH de 2007
Première équipe de la LNH et saison : Stars de Dallas, 2009-2010
Né le 18 juillet 1989 à Victoria (Colombie-Britannique)
Position : ailier gauche
Tir : de la gauche
Taille : 1,88 m
Poids : 95,5 kg

BRENT BURNS

Le mot « ennuyeux » ne colle vraiment pas à Brent Burns. Brent est l'un des personnages les plus colorés du hockey d'aujourd'hui. Il attire l'attention, que ce soit en parlant de sa collection de reptiles ou de son amour des animaux, de son intention de faire de la plongée en cage pour voir de près un grand requin blanc ou tout simplement en arborant son large sourire… édenté. Il est aussi l'un des meilleurs défenseurs de la LNH, ce qui le rend encore plus remarquable.

« Mon animal préféré est habituellement le dernier que j'ai vu, dit-il. J'aime les mammifères. J'aime les gorilles. C'est fou de les observer. J'adore aussi les félins. Je n'aime pas les araignées. Mais j'ai toujours aimé les serpents, les reptiles, les dragons de Komodo. Ils sont cool. »

Et qu'en est-il du masque de Chewbacca qu'il portait lors de la fusillade au match des étoiles de la LNH l'an dernier?

« Je m'étais procuré le masque en ligne pour une fête de Noël, dit-il. Je voulais le porter une seule fois. Avec ma barbe et mes cheveux longs, les gens me surnomment « Chewie » depuis quelques années, alors j'ai décidé de le porter à cette occasion. »

Il a fait sensation. Brent/Chewbacca a marqué sur son échappée et lorsqu'il a levé les bras pour célébrer, la foule a hurlé son enthousiasme.

> « Il est gros et fort. Il défend bien son territoire et possède un tir du revers redoutable. Il est l'un des rares joueurs capables de se démarquer à chaque extrémité de la patinoire. Il est tellement polyvalent. »
> — Logan Couture, coéquipier de Brent

Pitreries mises à part, Brent a connu une saison exceptionnelle avec des sommets en carrière pour les buts, les mentions d'aide et les points (27-48-75). Brent a établi une nouvelle marque personnelle pour les points pour une troisième saison consécutive.

L'excellente saison régulière de Brent a aidé son équipe à se rendre en finale des séries éliminatoires pour la première fois de la concession. Brent a ajouté de nouvelles qualités de défense à son excellent jeu. Il sera un joueur clé lors de cette saison que les partisans des Sharks espèrent être une autre réussite.

LE SAVAIS-TU?

Brent a fait le voyage de ses rêves en Australie. « J'ai toujours regardé l'émission *Crocodile Hunter* et je voulais aller là-bas depuis l'âge de 10 ans. J'avais l'impression que partout où tu marchais, quelque chose essayait de te tuer. Les méduses, les requins, les serpents, les araignées. C'était cool. »

SOUVENIR

La saison que Brent a passée dans la Ligue de l'Ontario avec le Battalion de Brampton en 2002-2003 est un de ses meilleurs souvenirs. « Jouer dans la ligue junior est un temps spécial. Tu vas à l'extérieur pour aller jouer au hockey, c'est comme une étape dans la vie. »

Statistiques 2015-2016

MJ	B	A	PTS
82	27	48	75

Premier choix du Wild du Minnesota, 20e au total,
au repêchage d'entrée dans la LNH de 2003
Première équipe de la LNH et saison : Wild du Minnesota, 2003-2004
Né le 9 mars 1985 à Barrie (Ontario)
Position : défenseur
Tir : de la droite
Taille : 1,95 m
Poids : 104,5 kg

COREY CRAWFORD

Le respect ne vient pas facilement dans le monde du sport – il se mérite. Et comment se mérite-t-il? En multipliant les victoires. Et là encore, rien n'est acquis. Il a fallu du temps et beaucoup de travail avant que Corey Crawford soit reconnu comme l'un des meilleurs gardiens de but de la LNH. Plusieurs sont même allés jusqu'à se demander s'il ne fallait pas plutôt attribuer ses succès à la qualité de son équipe. Il y a quelques années, certains observateurs ont remarqué que lorsqu'il était sur une bonne lancée, Corey était aussi bon que quiconque dans la ligue, mais ils ont attendu qu'il se démarque pendant des semaines, des mois et même une saison entière avant de l'associer au même groupe qu'un Carey Price.

Son brio est parvenu à convaincre les sceptiques. Depuis le début de la saison 2012-2013, Corey se trouve au 5e rang des meilleurs taux d'efficacité de la LNH. Pour aller de pair avec ce haut pourcentage d'arrêts et de victoires (118 pendant la même période donnée), Corey a contribué à deux conquêtes de la Coupe Stanley en plus de partager deux fois le trophée William Jennings décerné aux gardiens de but ayant participé à au moins 25 matchs durant la saison, et ayant accordé le moins de buts.

« C'est avant tout une question d'expérience, affirme Corey. Il faut apprendre à rester concentré et éviter tout relâchement, un piège qui guette tout jeune gardien de but. »

« Le jeu le plus important pour un gardien est toujours le suivant. Ce qui est fait est fait. Il faut se concentrer sur ce qui suit. »

Corey n'a pas eu la vie facile la saison dernière. Il a subi une blessure au haut du corps à la mi-mars, ce qui l'a tenu à l'écart du jeu jusqu'à la première ronde des séries éliminatoires contre les Blues de St. Louis. Les Blues ont finalement eu raison des Blackhawks au terme de sept matchs durement disputés. Les joueurs d'une équipe et leurs partisans peuvent toujours se demander pourquoi leur club n'a pu faire mieux, mais il n'est pas question de blâmer le gardien des Blackhawks. Corey a mérité d'être considéré comme l'un des meilleurs de la ligue.

LE SAVAIS-TU?

Corey a fait ses débuts dans la LNH en prenant la relève du gardien des Blackhawks dans un match contre le Wild du Minnesota, le 22 janvier 2006. Il n'a accordé aucun but sur sept tirs au but. Il a entrepris son premier match la semaine suivante contre les Blues de St. Louis.

SOUVENIR

Plus jeune, Corey était un assez bon attaquant au hockey mineur à Châteauguay. Il a décidé de devenir gardien de but après avoir vu le grand Patrick Roy mener le Canadien de Montréal à la conquête de la Coupe Stanley en 1993. « Il a été l'homme de la situation et je voulais être comme lui. »

Statistiques 2015-2016

MJ	V	D	DP	MBA	BL
58	35	18	5	2,37	7

Deuxième choix des Blackhawks de Chicago, 52e au total,
au repêchage d'entrée dans la LNH de 2003

Première équipe de la LNH et saison : Blackhawks de Chicago, 2005-2006

Né le 31 décembre 1984 à Montréal (Québec)

Position : gardien de but

Attrape : de la gauche

Taille : 1,88 m

Poids : 98 kg

DREW DOUGHTY

Même les meilleurs joueurs de hockey au monde commettent des erreurs. Ils effectuent une mauvaise passe et vont parfois jusqu'à provoquer un revirement qui coûte le match à leur équipe. Mais rarement modifient-ils leur façon de faire, même si cette erreur s'avère coûteuse. Le défenseur vedette des Kings de Los Angeles, Drew Doughty, en est un bel exemple.

> « Le succès de l'équipe passe avant tout. Pour que nous gagnions des matchs, je dois être un bon coéquipier et je dois être au meilleur de ma forme. »

« Pas question de changer ma façon de jouer, dit Drew. À mon retour sur la patinoire après avoir commis une gaffe, je vais peut-être tenter le même jeu. Je vais réessayer afin de prouver que je peux réussir mon jeu. »

En dehors de la patinoire, Drew donne parfois l'impression que rien ne le dérange et qu'il savoure chaque moment passé dans la meilleure ligue de hockey au monde. C'est possiblement cette approche qui lui permet d'être parmi les meilleurs de sa profession. Il a une confiance inébranlable en ses moyens. Il sait accepter l'erreur occasionnelle, sachant que son talent lui permettra de faire le bon jeu plus souvent que le mauvais. Qu'il commette une erreur ou non, Drew est aussitôt de retour sur la patinoire. Son entraîneur l'utilise plus souvent que la plupart des autres joueurs de la LNH. C'est « un cheval » dans le jargon des joueurs – gros, fort, lourd, difficile à déplacer et d'une endurance à toute épreuve.

Malgré son travail acharné, la saison 2015-2016 de Drew a été douce-amère. D'un côté, il a remporté le trophée Norris décerné au meilleur défenseur de la LNH pour la première fois. De l'autre, la performance des Kings en séries éliminatoires n'a pas connu le succès escompté.

« Nous n'avons pas été à la hauteur en séries, a dit Drew. On peut évoquer toutes sortes d'excuses, mais il reste que nous n'avons tout simplement pas assez bien joué. »

Pas d'excuses de la part de Drew. Vous pouvez parier qu'il reviendra cette saison plus déterminé que jamais.

LE SAVAIS-TU?

À sa première visite à Los Angeles, peu après avoir été réclamé au repêchage par les Kings, Drew s'est rendu sur le bord du Pacifique et a marché dans l'eau tout habillé, juste pour rire. Il était complètement détrempé, tout comme son portefeuille et son téléphone cellulaire.

SOUVENIR

L'un des plus beaux souvenirs de Drew est d'avoir représenté le Canada au Championnat du monde junior de 2008. Il se souvient que ce tournoi l'a confronté pour la première fois à une tonne de pression à chaque présence sur la glace. Cette expérience a contribué à sa progression comme joueur.

Statistiques 2015-2016

MJ	B	A	PTS
82	14	37	51

Premier choix des Kings de Los Angeles, 2e au total,
au repêchage d'entrée dans la LNH de 2008
Première équipe de la LNH et saison : Kings de Los Angeles, 2008-2009
Né le 8 décembre 1989 à London (Ontario)
Position : défenseur
Tir : de la droite
Taille : 1,85 m
Poids : 88,5 kg

MATT DUCHENE

Croyez-le ou non, mais quelques mois après le début de la saison dernière, le bruit a couru que Matt Duchene, la supervedette de l'Avalanche du Colorado, pourrait être échangé. L'équipe connaissait un départ lent; Matt était lui aussi au ralenti. Il a marqué seulement un but et récolté une seule mention d'aide à ses dix premiers matchs. S'il est possible que certaines équipes aient discuté de la disponibilité de Duchene avec le directeur général de l'Avalanche Joe Sakic, ce ne fut que des rumeurs.

« Je suis loin d'être satisfait de ma carrière. J'ai encore beaucoup de choses à accomplir. »

« Au cours d'une conversation, il arrive que des noms soient mentionnés. C'est ainsi que des transactions se réalisent, a dit Joe Sakic à l'époque. Mais ça s'arrête là. La rumeur selon laquelle Matt était sur le marché était sans fondement. »

Il est difficile d'imaginer que l'équipe du Colorado voudrait se départir d'un joueur aussi bon que Matt. Ce n'est donc pas une surprise qu'il ait repris du poil de la bête. Il a atteint un sommet en carrière avec 30 buts et a accumulé le deuxième total de points parmi les plus hauts de sa carrière.

« En pleine léthargie, vous devez continuer à travailler fort, a dit Matt. C'est parfois difficile, mais vous devez continuer à croire en vous. C'est la seule façon de s'en sortir. »

Une telle éthique de travail et une confiance inébranlable ont fait de Matt l'un des joueurs les plus excitants du hockey. Son coup de patin et sa facilité à changer de direction dans un espace restreint sont fascinants.

Matt s'apprête à entreprendre sa 8e saison dans la LNH. Il a réalisé un bel exploit en disputant le 500e match de sa carrière vers la fin de la dernière saison et il est le premier à reconnaître que la vie de joueur de hockey l'a choyé jusqu'à maintenant. Il est considéré comme un « bon gars » dans le monde de la LNH.

« Il m'arrive parfois de me demander si je n'ai pas imaginé tout cela, dit-il. C'est pourtant la réalité. C'est la réalisation d'un grand rêve. »

LE SAVAIS-TU?

Matt adore les chiens et possède un épagneul appelé Paisley, soit le nom de son chanteur country préféré, Brad Paisley.

SOUVENIR

Enfant, Matt aimait pratiquer son tir en décochant des dizaines de rondelles dans l'entrée de garage de la maison, mais la tâche de ramasser les rondelles ne lui plaisait pas tellement. Il lui arrivait parfois de payer sa sœur, Jessica, pour le faire à sa place.

Statistiques 2015-2016

MJ	B	A	PTS
76	30	29	59

Premier choix de l'Avalanche du Colorado, 3e au total,
au repêchage d'entrée dans la LNH de 2009

Première équipe de la LNH et saison : Avalanche du Colorado, 2009-2010

Né le 16 janvier 1991 à Haliburton (Ontario)

Position : centre

Tir : de la gauche

Taille : 1,80 m

Poids : 90,5 kg

JOHNNY GAUDREAU

À la veille d'entreprendre sa troisième saison dans la LNH, Johnny Gaudreau n'en revient pas comme le temps a passé vite depuis son étonnante saison en tant que recrue.

> « Depuis le jour où il a pris un bâton dans ses mains et enfilé des patins, on lui dit qu'il est trop petit. Lui, tout ce qu'il fait, c'est continuer à jouer et à réussir. »
> — Brad Treliving, directeur général des Flames

« J'ai été chanceux d'obtenir un poste dès mon premier camp d'entraînement et de jouer aux côtés de vrais bons joueurs qui m'ont aidé lors de ma première saison », se souvient Johnny.

Les Flames ont éprouvé des difficultés la saison dernière et n'ont pu faire aussi bien qu'en 2014-2015 alors qu'ils avaient atteint le 2e tour des séries éliminatoires. Johnny a toutefois continué à peaufiner son jeu au point de terminer la saison au premier rang des marqueurs de son équipe avec 78 points (30 buts, 48 mentions d'aide). Malgré sa petite taille, Johnny a continué d'émerveiller les amateurs de hockey avec sa facilité à se faufiler près du filet et à marquer des buts de cet endroit.

« Je suis un petit joueur qui a joué toute sa vie contre des gars plus costauds. Je suis habitué, mais ça devient de plus en plus difficile. J'ai toujours dû travailler plus fort en raison de ma taille, mais j'aime le hockey et je veux m'améliorer chaque année. »

Celui que l'on surnomme « Johnny Hockey » a participé au match des étoiles de la LNH à ses deux premières saisons.

« C'est toute une expérience. Que ce soit la première ou la deuxième fois, tu n'en reviens pas de te retrouver aux côtés de tous ces grands joueurs. Ce sont des moments particuliers que tu n'oublieras jamais. »

Il y a de fortes chances que Johnny participe au match des étoiles cette année encore. De plus, il contribuera certainement à refaire des Flames l'équipe redoutable d'il y a deux ans.

LE SAVAIS-TU?

Johnny a réussi un tour du chapeau naturel (trois buts de suite) à sa première saison. Il en était seulement à son 36e match dans la LNH. Il lui avait fallu plus de 100 matchs avant d'inscrire son premier tour du chapeau au hockey universitaire.

SOUVENIR

« J'ai grandi en pratiquant plusieurs sports : hockey, soccer, baseball, basketball. Je voulais toujours être au grand air et me mettre en forme plutôt que rester dans la maison, assis à jouer à des jeux vidéo. »

Statistiques 2015-2016

MJ	B	A	PTS
79	30	48	78

Quatrième choix des Flames, 104e au total,
au repêchage d'entrée dans la LNH de 2011
Première équipe de la LNH et saison : Flames de Calgary, 2014-2015
Né le 13 août 1993 à Salem (New Jersey)
Position : ailier gauche
Tir : de la gauche
Taille : 1,75 m
Poids : 71 kg

MIKE HOFFMAN

Si vous êtes amateur de hockey, vous vous devez d'admirer un joueur comme Mike Hoffman. Plusieurs joueurs sont plus habiles et plus spectaculaires, mais Mike se défend bien quand vient le temps d'accumuler des points.

« Je savais que j'aurais à passer du temps dans la Ligue américaine avant d'être prêt pour la LNH, mais ce fut une bonne chose pour moi. J'ai obtenu beaucoup de temps de glace et je suis devenu un meilleur joueur. »

« Je suis un joueur offensif et je me dois de loger la rondelle dans le filet, affirme Mike. Si je ne le fais pas, je ne suis pas au mieux de ma forme. »

Plus jeune, Mike a dû se battre pour trouver une équipe junior qui voulait de lui. Il a d'abord été retranché par l'équipe de sa ville natale, les Rangers de Kitchener de la Ligue de l'Ontario. Puis il a joué pour l'équipe de Gatineau de la Ligue de hockey junior majeur du Québec qui lui a réservé le même sort après les premiers mois de la saison. Il s'est finalement retrouvé au sein de la pire équipe de la ligue. Ce n'est pas surprenant qu'aucune équipe de la LNH ne l'ait sélectionné à sa première année d'admissibilité au repêchage. Il savait donc ce qu'il avait à faire.

Mike a enfin attiré l'attention de la LNH en menant Drummondville au championnat de la ligue et à une participation au tournoi de la Coupe Memorial en 2008-2009. Ce sont finalement les Sénateurs d'Ottawa qui l'ont réclamé au 5e tour de la séance de sélection de 2009. Mike est retourné dans la LHJMQ et a été proclamé Joueur de l'année après avoir connu une saison de 85 points en seulement 56 matchs à Saint John. Il a ensuite passé la majeure partie des trois saisons suivantes au club-école des Sénateurs.

La patience et l'ardeur au travail de Mike ont été récompensées. Il a dominé toutes les autres recrues de la LNH avec 27 buts en 2014-2015. Il a fait encore mieux la saison dernière avec 29 buts, un sommet pour l'équipe, même si les Sénateurs ont eu une saison difficile. Il améliorera sûrement encore ses statistiques offensives cette saison. Les partisans des Sénateurs souhaitent que l'équipe emboîte le pas et se qualifie de nouveau pour les séries de la Coupe Stanley.

LE SAVAIS-TU?

Mike s'est fracturé la clavicule en 2012-2013 au moment où il était le meilleur pointeur des Senators de Binghamton de la Ligue américaine. Une fois rétabli, il a de nouveau été blessé à la clavicule et a raté la moitié de la saison et les séries éliminatoires.

SOUVENIR

Mike doit l'excellence de son tir à un entraînement intense. « Rien de particulier, simplement des centaines de tirs contre la porte du garage. Je lui ai fait la vie dure dans ma jeunesse. »

Statistiques 2015-2016

MJ	B	A	PTS
78	29	30	59

Cinquième choix des Sénateurs d'Ottawa, 130e au total,
au repêchage d'entrée dans la LNH de 2009

Première équipe de la LNH et saison : Sénateurs d'Ottawa, 2014-2015

Né le 24 novembre 1989 à Kitchener (Ontario)

Position : centre/ailier gauche

Tir : de la gauche

Taille : 1,85 m

Poids : 81,5 kg

BRADEN HOLTBY

Braden Holtby en est à sa 5e saison complète dans la LNH. La plupart des amateurs de hockey ont remarqué pour la première fois le colosse de la Saskatchewan pendant les séries éliminatoires de 2012. Les Capitals l'avaient rappelé des ligues mineures au premier tour des séries contre les Bruins de Boston, champions de la Coupe Stanley en 2011. Braden avait été meilleur que le gardien des Bruins, Tim Thomas, au terme d'une enlevante série de sept matchs, tous décidés par un seul but. Quelle entrée en scène!

« Il multiplie les gros arrêts, surtout aux moments opportuns. Avec une telle constance devant le filet, les chances de gagner chaque soir sont bonnes. »
— L'entraîneur des Capitals, Barry Trotz

« Je raffole des gros matchs, des moments intenses, avait confié Braden à un journaliste après cette incroyable performance en séries. Je donne toujours mon maximum au plus fort de l'action. »

La saison dernière, les Capitals ont perdu lors de la deuxième ronde des séries éliminatoires contre les futurs champions de la Coupe Stanley, les Penguins de Pittsburgh. Braden a été un joueur clé et a réalisé certaines des meilleures performances de sa carrière. Très efficace depuis plusieurs années déjà, Braden a procédé à une « mise au point » en apportant des ajustements mineurs. Il a amélioré son positionnement et a paru mieux contrôler son jeu au lieu de se projeter partout pour capter les rondelles.

Braden va mettre à profit ses succès de la saison dernière pour devenir encore plus performant.

« C'est la même chose tous les ans. On veut faire mieux que la saison précédente et continuer à améliorer notre jeu. C'est comme ça qu'on travaille. On va à la patinoire tous les jours et on essaie de devenir meilleurs, même pendant la saison morte. »

LE SAVAIS-TU?

Braden est devenu papa lorsque son épouse a donné naissance à leur fils Benjamin entre le sixième et le septième match de la première ronde éliminatoire des Capitals en 2012.

SOUVENIR

Le premier entraîneur de Braden a été son père, Greg, qui a gardé les buts dans la Ligue de l'Ouest. Ses premiers conseils ont été prodigués dans le sous-sol de leur maison et sur la patinoire extérieure aménagée à la ferme familiale à Marshall, en Saskatchewan.

Statistiques 2015-2016

MJ	V	D	DP	MBA	BL
66	48	9	7	2,20	3

Quatrième choix des Capitals de Washington, 93e au total,
au repêchage d'entrée dans la LNH de 2008
Première équipe de la LNH et saison : Capitals de Washington, 2012-2013
Né le 16 septembre 1989 à Lloydminster (Saskatchewan)
Position : gardien de but
Attrape : de la gauche
Taille : 1,88 m
Poids : 98,5 kg

DUNCAN KEITH

Tous les joueurs de la LNH qui connaissent du succès dans la trentaine ont une chose en commun : ils réalisent que jouer dans la LNH est un privilège, pas un droit acquis. Et ils doivent travailler dur pour conserver ce privilège.

> « Une des belles choses dans le sport est que chacun a droit à ses opinions. Plus jeune, plusieurs me disaient que j'étais trop petit pour devenir un défenseur. Il vaut mieux ne pas y prêter attention. Tu fais ce que tu as à faire, tout simplement. »

« Pour durer, vous devez être discipliné et savoir vous comporter, affirme Duncan Keith, le défenseur vedette des Blackhawks de Chicago âgé de 33 ans. Vous devez surveiller votre alimentation, garder la forme et travailler fort. »

Les efforts de Duncan ont été récompensés. Il a remporté deux fois le trophée Norris décerné au meilleur défenseur de la LNH, en 2010 et 2014, et a savouré trois fois la conquête de la Coupe Stanley, en 2010, 2013 et 2015. Puis il a mis la main sur le trophée Conn Smythe remis au joueur le plus utile à son équipe en séries de la Coupe Stanley, en 2015. Pour compléter le tout, Duncan possède deux médailles d'or olympiques acquises lors des Jeux d'hiver de 2010 et 2014.

« Toutes ses réussites ne sont pas l'effet du hasard, a dit l'entraîneur des Blackhawks, Joel Quenneville. Il travaille fort chaque jour, qu'il y ait un match ou non. Je l'utilise souvent parce que je sais qu'il peut faire le travail et toujours le faire mieux. »

Un autre trait commun aux vétérans joueurs de hockey est qu'ils sont rarement satisfaits de ce qu'ils ont accompli.

« Rien n'apporte plus de satisfaction que la conquête d'un championnat, déclare Duncan. C'est l'affaire de tous : des entraîneurs, des gars qui jouent seulement six minutes par match, des joueurs retirés de l'alignement. Une fois que tu y as goûté, tu veux le refaire et le refaire, peu importe le nombre de fois où tu es passé par là. »

Duncan va entreprendre sa 12e saison avec les Blackhawks. Grâce à son travail acharné et à son talent, il est assuré de demeurer un meneur à la ligne bleue de Chicago, motivé par l'idée de guider de nouveau son équipe vers la conquête de la Coupe Stanley.

LE SAVAIS-TU?

Duncan a commencé à jouer au hockey comme attaquant en partie parce que son père aimait le voir jouer à l'avant. Il est devenu défenseur vers l'âge de 10 ans.

SOUVENIR

Un des souvenirs les plus mémorables de Duncan a été de patiner autour de la patinoire du United Center de Chicago après la conquête de la Coupe Stanley en 2015. C'était sa troisième coupe et il a voulu savourer davantage le moment en amenant avec lui sur la glace son fils Colton, âgé de deux ans.

MJ	B	A	PTS
67	9	34	43

Deuxième choix des Blackhawks de Chicago, 54e au total,
au repêchage d'entrée dans la LNH de 2002
Première équipe de la LNH et saison : Blackhawks de Chicago, 2005-2006
Né le 16 juillet 1983 à Winnipeg (Manitoba)
Position : défenseur
Tir : de la gauche
Taille : 1,85 m
Poids : 87 kg

JOHN KLINGBERG

Le repêchage de la LNH de 2010 n'a causé aucune surprise : les surdoués Taylor Hall et Tyler Seguin ont été les deux premiers joueurs sélectionnés. Mais de nombreux joueurs choisis plus tardivement ont connu du succès dans la LNH. C'est le cas de Brendan Gallagher, réclamé par le Canadien de Montréal en 5e ronde et de Mark Stone, un choix de 6e ronde des Sénateurs d'Ottawa qui sont devenus de solides attaquants. L'un des meilleurs défenseurs de la cuvée 2010 a été John Klingberg. Il a dû patienter jusqu'à la 5e ronde avant d'être sélectionné par les Stars de Dallas. Quelle belle prise! En 2014-2015, John a été le meilleur marqueur parmi les défenseurs recrues de la LNH et a été choisi au sein de l'équipe d'étoiles des recrues. La saison dernière, il a de nouveau dominé les défenseurs des Stars au plan offensif en plus de terminer au 5e rang des marqueurs parmi tous les défenseurs de la LNH.

John a tôt fait de se démarquer lorsque les Stars l'ont rappelé de leur club-école au début de la saison 2014-2015. Après n'avoir marqué aucun point à ses trois premiers matchs, John a enchaîné avec trois buts et cinq mentions d'aide à ses cinq matchs suivants.

« Lorsque l'on s'attend à une production offensive de votre part et que vous parvenez à récolter des points dès le début de votre carrière, votre niveau de confiance augmente considérablement », a dit John.

« Je me sens bien ici. Je sais dans quelle direction se dirige l'équipe. C'est le début d'une nouvelle ère et c'est agréable d'en faire partie. »

L'aspect offensif du jeu de John ne surprend guère. Plus jeune, il rêvait à une carrière de prolifique marqueur. Il a joué à l'avant jusqu'à son arrivée chez les juniors avant d'être muté à la défense, une proposition qui ne lui plaisait guère à cette époque.

« Plusieurs me disaient que je devrais jouer à la défense. J'hésitais à le faire parce que j'aimais marquer des buts et récolter des points, se souvient-il. Mais j'ai vite compris que cette position serait meilleure pour moi. »

Ne soyez pas surpris de voir un jour John en nomination pour le trophée Norris. Il en a le talent. C'est tout à l'honneur des recruteurs des Stars qui ont su voir en lui une perle rare.

LE SAVAIS-TU?

John a accumulé neuf points lors de ses onze premiers matchs dans la LNH – le meilleur début de l'histoire de la concession de Dallas qui date de 1967-1968 alors que l'équipe s'appelait les North Stars du Minnesota.

SOUVENIR

John et son frère aîné Carl, qui a joué la saison dernière dans la KHL en Russie, ont commencé à faire du sport ensemble vers l'âge de quatre ans. Leur père, Anders, se rappelle « qu'ils étaient toujours en compétition. Sur la patinoire, sur le terrain de soccer, au tennis de table, partout... »

Statistiques 2015-2016

MJ	B	A	PTS
76	10	48	58

Cinquième choix des Stars de Dallas, 131ᵉ au total,
au repêchage d'entrée dans la LNH de 2010
Première équipe de la LNH et saison : Stars de Dallas, 2014-2015
Né le 14 août 1992 à Gothenburg (Suède)
Position : défenseur
Tir : de la droite
Taille : 1,88 m
Poids : 81,5 kg

ALEX OVECHKIN

On ignore ce que nous réserve 2016-2017, mais la dernière saison en a été une d'exploits individuels pour Alex Ovechkin. Il a remporté un autre trophée Maurice Richard, son 4e de suite et le 6e de sa carrière, pour avoir été le joueur ayant marqué le plus de buts en saison régulière. Le « grand n° 8 » a aussi atteint quelques autres sommets. Le 19 novembre 2015, contre les Stars de Dallas, Alex a marqué le 484e but de sa carrière. Il a surpassé Sergei Fedorov et est devenu le meilleur marqueur de l'histoire de la LNH parmi les joueurs nés en Russie. Fedorov a établi cette marque à son 1 248e match; Ovechkin, à son 777e match. Alex et ses coéquipiers ont perdu ce match, mais ce fut quand même une soirée mémorable.

« Il est présentement le meilleur buteur au monde. Il marque des buts depuis des années. Chacun est différent. Sergei Fedorov marquait d'une façon; je marquais d'une façon différente, et Alex mise sur un tir foudroyant. Il est réellement un attaquant de puissance. »
— L'ancienne supervedette russe, Pavel Bure

« Ce fut un bon moment, mais nous avons malheureusement perdu la partie, a dit Alex. Sans mes coéquipiers, je n'aurais jamais accompli cet exploit. »

« C'était excitant parce que tous savaient qu'il s'agissait d'une page d'histoire, a commenté l'entraîneur des Capitals, Barry Trotz. J'étais sûr qu'il allait marquer. Il était endiablé, une véritable bête impossible à maîtriser. »

Alex n'allait pas s'arrêter là. Son exploit suivant a été son 500e but. Le 10 janvier 2016, Alex a marqué en supériorité numérique contre les Sénateurs d'Ottawa et est devenu le 43e joueur de l'histoire de la LNH à atteindre la marque des 500 buts.

« Ce fut un moment très spécial, a dit Alex après le match. Mes coéquipiers sont venus me féliciter, mes parents étaient sur place et c'était devant nos partisans. Je vais m'en rappeler le restant de mes jours. »

Alex est-il le meilleur joueur de son époque? Le débat est lancé. Est-il le meilleur joueur russe à avoir joué dans la LNH? La question ne se pose même pas!

LE SAVAIS-TU?

Contrairement à plusieurs joueurs vedettes, Alex refuse rarement de représenter son pays au Championnat du monde de hockey. Au dernier décompte, il avait participé 12 fois à ce tournoi annuel.

SOUVENIR

Le plus grand rival d'Alex a été Sidney Crosby. La principale confrontation entre les deux joueurs a sans doute été le 2e match de la finale de l'Association de l'Est en 2009. Chacun avait réussi un tour du chapeau dans la victoire des Capitals, 4-3. « Ce fut l'affaire de deux leaders », a dit Alex après la rencontre.

MJ	B	A	PTS
79	50	21	71

Premier choix des Capitals de Washington, 1er au total,
au repêchage d'entrée dans la LNH de 2004

Première équipe de la LNH et saison : Capitals de Washington, 2005-2006

Né le 17 septembre 1985 à Moscou (Russie)

Position : ailier gauche

Tir : de la droite

Taille : 1,90 m

Poids : 108,5 kg

MAX PACIORETTY

Max Pacioretty a été réclamé au repêchage par le Canadien de Montréal le 22 juin 2007. Élevé dans une petite municipalité du Connecticut, il a reconnu n'avoir qu'une vague idée de la grande histoire et de l'importance de l'équipe qui venait de le choisir.

> **« Je suis du genre à parler lorsque j'ai quelque chose à dire, mais je ne prends pas la parole uniquement pour m'écouter parler. »**

« Au début, je ne réalisais pas que la population de la ville s'identifiait autant à l'équipe, a dit Max. Ça m'a frappé lorsque nous avons failli remporter la coupe en 2014, le Canadien est venu à deux matchs d'atteindre la finale. J'ai compris tout l'impact que le Canadien avait sur la ville. »

La saison dernière, Max est devenu le 29e capitaine de l'histoire du Canadien. Contrairement aux dirigeants d'autres équipes qui nomment parfois eux-mêmes le capitaine, le directeur général Marc Bergevin et l'entraîneur Michel Therrien ont décidé de laisser voter les joueurs.

« Cette marque de reconnaissance de mes coéquipiers constitue l'un des plus grands moments de ma vie », a commenté Max en conférence de presse le jour de sa nomination, arborant un « C » sur son chandail.

La dernière saison n'a pas été facile pour Max et ses coéquipiers. Après de solides prestations en séries en 2014 et 2015 et neuf victoires consécutives en début de saison, tous les espoirs étaient permis. Mais leur gardien de but vedette Carey Price et d'autres joueurs clés ont subi des blessures, ce qui a tout chamboulé. L'équipe a connu une de ses pires saisons depuis des années. L'unique point positif de cette saison décevante est le fait que Max s'est avéré le meilleur marqueur du Canadien avec 64 points (30 buts et 34 mentions d'aide).

« Je suis surtout peiné pour nos partisans, a dit Max à propos de cette saison. Ils n'ont jamais cessé de nous encourager. Nous avons convenu dans le vestiaire de travailler avec ardeur et de nous entraider afin de faire mieux la saison prochaine. »

Max a parlé en véritable leader. Il sait maintenant ce que ça représente de jouer pour le Canadien de Montréal.

LE SAVAIS-TU?

Dans la longue histoire du Canadien de Montréal, Max est seulement le troisième joueur né aux États-Unis à arborer le « C » du capitaine sur son chandail. Les deux autres ont été Brian Gionta (2010-2014) et Chris Chelios (1989-1990, honneur partagé avec Guy Carbonneau).

SOUVENIR

Max s'est intéressé au hockey pour la première fois lorsque sa mère l'a amené à une séance de patinage dans sa ville natale de New Canaan, au Connecticut. Une affiche sur le mur indiquait qu'une équipe était à la recherche de joueurs. Max savait à peine patiner, mais il était déjà tombé amoureux du hockey.

Statistiques 2015-2016

MJ	B	A	PTS
82	30	34	64

Deuxième choix du Canadien de Montréal, 22e au total,
au repêchage d'entrée dans la LNH de 2007
Première équipe de la LNH et saison : Canadien de Montréal, 2008-2009
Né le 20 novembre 1988 à New Canaan (Connecticut)
Position : ailier gauche
Tir : de la gauche
Taille : 1,88 m
Poids : 96,5 kg

JOE PAVELSKI

Alex Ovechkin a marqué plus de buts que tout autre joueur de la LNH au cours des trois dernières saisons. Qui est deuxième à ce chapitre? La réponse est l'attaquant Joe Pavelski des Sharks de San Jose. Une réponse qui en surprend plusieurs, mais certainement pas ceux qui ont observé Joe de près.

> « Il fait tout de la bonne façon. Il met les efforts nécessaires et joue toujours avec ardeur. Il n'a pas besoin de parler beaucoup dans le vestiaire; sa façon de jouer dit tout. »
> — Son coéquipier Joe Thornton

« Quand j'étais son entraîneur à San Jose, je pouvais l'utiliser n'importe où, se souvient l'entraîneur des Oilers Todd McLellan, anciennement avec les Sharks. C'est la marque d'un joueur d'élite. Il rend meilleurs ceux qui l'entourent et il s'adapte facilement. »

Joe a joué aux trois positions à l'attaque, mais sa position naturelle est au centre. Il joue présentement à l'aile droite et son joueur de centre est souvent Joe Thornton.

« Ça ne me dérange pas du tout, dit Joe Pavelski. Je n'ai pas joué souvent à l'aile avant d'atteindre la LNH, mais que je sois utilisé à l'aile ou au centre, la transition se fait facilement. Je me sens encore un peu comme un centre parce qu'on me confie certaines mises au jeu. »

Joe est devenu le 12e capitaine de l'histoire des Sharks avant le début de la dernière saison. Ce fut un choix logique. Joe est un joueur qui a toujours travaillé fort et qui a su s'adapter. Il a été repêché tardivement, mais il s'est avéré être un très bon joueur de la LNH.

« Joe est devenu un leader et un joueur clé au sein de cette équipe, affirme son entraineur Peter DeBoer. Il est respecté par tous ses coéquipiers. »

Joe peut-il continuer à marquer des buts au même rythme? Le défi sera de taille. La ligue s'améliore et le jeu devient plus rapide chaque saison. Ceci dit, Joe surprend les gens depuis le début de sa carrière.

LE SAVAIS-TU?

Lorsque l'occasion se présente, Joe aime se retrouver au grand air. « J'aime partir à la chasse au canard et aller à la pêche. »

SOUVENIR

Certains des plus beaux souvenirs de Joe au hockey mineur datent de sa participation à des tournois à l'extérieur de la ville. « Je me souviens que nos parents amenaient l'équipe dans un bar sportif et nous donnaient de l'argent pour les jeux d'arcade. »

Statistiques 2015-2016

MJ	B	A	PTS
82	38	40	78

Septième choix des Sharks de San Jose, 205e au total,
au repêchage d'entrée dans la LNH de 2003
Première équipe de la LNH et saison : Sharks de San Jose, 2006-2007
Né le 11 juillet 1984 à Plover (Wisconsin)
Position : centre/ailier droit
Tir : de la droite
Taille : 1,80 m
Poids : 86 kg

DANIEL SEDIN

Daniel Sedin a atteint un important sommet le 21 janvier 2016. En 3e période d'un match à Boston, il a marqué le 347e but de sa carrière devenant ainsi le meilleur marqueur de l'histoire des Canucks.

> « Je doute que quiconque puisse dire du mal d'eux, qu'ils les connaissent comme joueurs de hockey ou pour les avoir rencontrés au magasin. Ça en dit long sur leur éducation et le genre de personnes qu'ils sont. »
> — Markus Naslund, à propos des frères Sedin

Daniel a surpassé son compatriote suédois Markus Naslund aux côtés duquel il a évolué pendant sept saisons avec les Canucks.

« Il est sept ans plus vieux que moi. Je me souviens de l'avoir vu jouer pour le MODO, l'équipe de notre ville natale en Suède. Je n'avais jamais eu l'occasion de le rencontrer avant que mon frère jumeau Henrik et moi venions jouer à Vancouver. Nous avons appris à le connaître ici. Il était un joueur de grande classe et un chic type. J'ai été chanceux de pouvoir jouer avec lui. »

Ensemble, Daniel et Henrik détiennent plusieurs records offensifs des Canucks. À la fin de la dernière saison, les 748 mentions d'aide et 970 points de Henrik constituaient deux records d'équipe. Daniel détient trois marques d'équipe : le plus de buts (355), les buts en supériorité numérique (123) et les buts victorieux (78). Au-delà des exploits individuels, Daniel est un excellent coéquipier. Le succès de l'équipe passe bien avant ses succès personnels. Cet esprit d'équipe a refait surface vers la fin de la saison dernière lorsqu'il a déploré le manque d'effort de certains de ses coéquipiers.

« En ce moment, l'effort de certains ne suffit pas. Ne pas fournir un effort chaque soir est déplorable. À chaque match, à chaque présence sur la patinoire, il faut y aller avec ardeur. Sinon, ça ne donne rien de bon. »

Bien dit de la part d'un joueur habituellement réservé dans ses commentaires. Mais lorsque vous avez accompli autant que Daniel et son frère l'ont fait dans leur carrière, vous pouvez, et vous devez à l'occasion, exprimer votre opinion.

LE SAVAIS-TU?

Daniel a devancé Markus Naslund chez les marqueurs des Canucks, mais les deux détiennent encore une autre marque : Daniel et Markus sont les deux seuls joueurs des Canucks à avoir connu 10 saisons de 20 buts ou plus.

SOUVENIR

Daniel a débuté sa carrière professionnelle à l'âge de 16 ans au sein de l'équipe locale MODO. À sa 2e saison, âgé de 17 ans, il a été le meilleur marqueur de l'équipe qu'il a menée à la finale de la ligue.

Statistiques 2015-2016

MJ	B	A	PTS
82	28	33	61

Premier choix des Canucks de Vancouver, 2e au total,
au repêchage d'entrée dans la LNH de 1999

Première équipe de la LNH et saison : Canucks de Vancouver, 2000-2001

Né le 26 septembre 1980 à Ornskoldsvik (Suède)

Position : ailier gauche

Tir : de la gauche

Taille : 1,85 m

Poids : 85 kg

VLADIMIR TARASENKO

Vladimir Tarasenko a grandi dans un environnement de hockey à Novosibirsk, en Russie. Son grand-père a été capitaine de l'équipe locale de hockey et son père, Andrei, a été capitaine de l'équipe de Yaroslavl et a représenté la Russie sur la scène internationale. Le jeune Vladimir a grandi en admirant les trophées de son père, ce qui lui a sans doute servi d'inspiration.

> « Si vous êtes habile mais n'avez pas confiance en vous, vous allez éprouver des difficultés. La confiance est donc importante pour un joueur, pour un entraîneur et pour notre équipe. »

Le 19 janvier 2013, après le lockout de la LNH, Vladimir a fait ses débuts avec les Blues de St. Louis dans un match contre les Red Wings de Detroit. Il a marqué ses deux premiers tirs au but dans une victoire de 6-0. Quel départ pour une carrière qui continue de monter en flèche! Vladimir vient de connaître sa meilleure saison. Il a été le meilleur des Blues avec 74 points (40 buts et 34 mentions d'aide) et a élevé son jeu de plusieurs crans. Vladimir et les Blues ont participé à la finale de l'Association de l'Ouest, mais ils ont été vaincus par les Sharks de San Jose en 6 matchs.

Sa patience en possession de la rondelle et son maniement du bâton sont deux aspects du jeu de Vladimir qui attirent l'attention. Remarquez sa façon de saisir une passe et de ne pas tirer aussitôt. Il préfère feinter afin d'améliorer son angle de tir. Tous les joueurs n'ont pas la confiance ou l'habileté de jouer ainsi.

« Je pense qu'il sera parmi les trois meilleurs attaquants de la LNH pour les cinq ou dix prochaines années, prétend son compatriote russe Evgeni Malkin. Il est jeune et il est affamé. Il vient de signer un alléchant contrat et il peut se concentrer uniquement sur le hockey. »

La progression de Vladimir au cours des quatre dernières années a été remarquable et il sera encore plus intéressant de l'observer lorsqu'il sera au sommet de sa carrière.

LE SAVAIS-TU?

Lorsque Vladimir a porté l'uniforme du Sibir Novosibirsk de la KHL entre 2009 et 2012, son père, Andrei, était l'entraîneur de l'équipe.

SOUVENIR

Vladimir avait cinq ans lorsque son grand-père l'a amené sur une patinoire extérieure à Novosibirsk. La première fois, il a tenu son petit-fils par la main pendant toute la séance de patinage. La deuxième fois, il lui a tenu la main un peu moins longtemps et à leur troisième visite, le jeune Vladimir a fait le tour de la patinoire par lui-même.

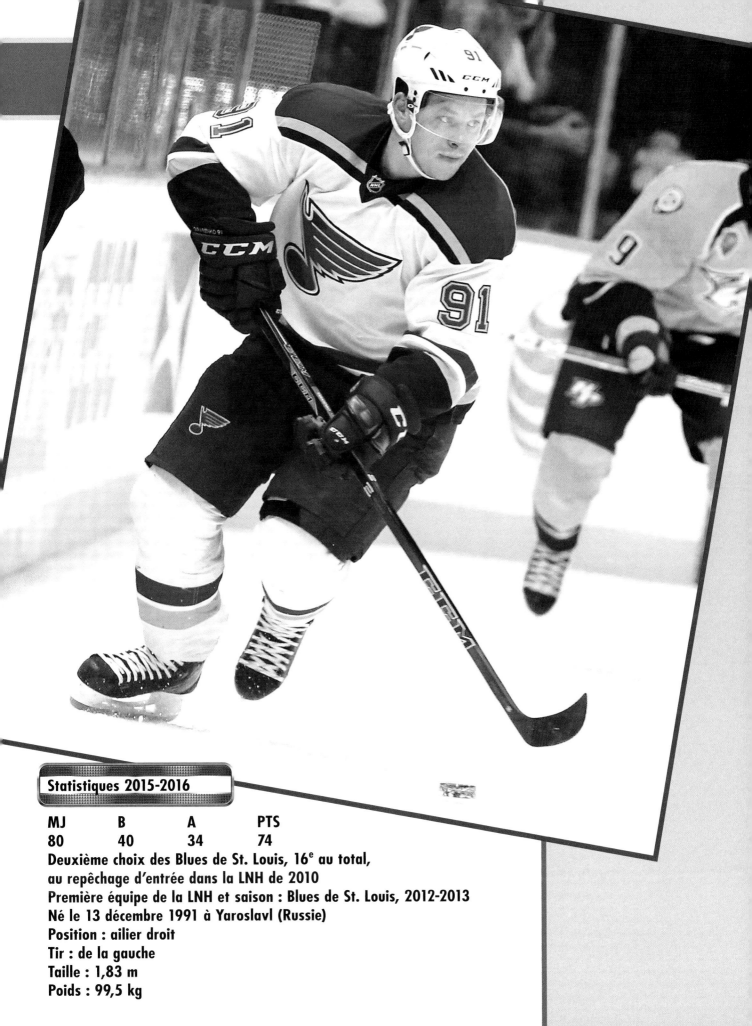

Statistiques 2015-2016

MJ	B	A	PTS
80	40	34	74

Deuxième choix des Blues de St. Louis, 16e au total,
au repêchage d'entrée dans la LNH de 2010
Première équipe de la LNH et saison : Blues de St. Louis, 2012-2013
Né le 13 décembre 1991 à Yaroslavl (Russie)
Position : ailier droit
Tir : de la gauche
Taille : 1,83 m
Poids : 99,5 kg

TYLER TOFFOLI

KINGS DE LOS ANGELES

Sans connaître une année d'exception, Tyler Toffoli a tout de même eu une très bonne saison 2015-2016 au sein d'une très bonne équipe. Pour la 3ᵉ année de suite, son total de points a été supérieur à celui de l'année précédente. Il a continué à améliorer toutes les facettes de son jeu. Cela a incité les Kings de Los Angeles à en faire leur 2ᵉ choix au repêchage de la LNH de 2010. Durant ses quatre années chez les juniors avec le 67 d'Ottawa de la Ligue de l'Ontario, il était reconnu pour la précision de son tir et son flair pour se placer en bonne position pour marquer. Tyler avait aussi la réputation de bien jouer dans les deux sens de la patinoire (en attaque et en défense).

> **« Il existe un esprit d'équipe incomparable chez les Kings de Los Angeles. Les gars se serrent les coudes et nous avons l'impression de pouvoir surmonter toutes les embûches. »**

« J'ai déjà dit qu'il avait été choisi en raison de son jeu offensif et défensif, a dit l'entraîneur des Kings, Darryl Sutter. Chez les juniors, il se démarquait en infériorité numérique ayant même dominé la Ligue de l'Ontario pour les buts avec un homme en moins. Il a acquis de la maturité sans jamais négliger cet aspect de son jeu. »

Le temps d'utilisation de Tyler n'a cessé d'augmenter au cours des trois dernières saisons. Il a joué en moyenne 12,56 minutes par match à sa première saison; 14,35 minutes la deuxième année et deux minutes et demie de plus la saison dernière. Non seulement son utilisation est-elle en hausse, mais il se retrouve maintenant sur la glace contre les meilleurs joueurs.

« Je dirais que la plus grande différence, c'est que Tyler est en meilleure forme que les saisons précédentes, remarque son entraîneur. Il est plus fort et un peu plus vif en certaines circonstances. »

La carrière de Tyler tient du rêve, lui qui a savouré la conquête de la Coupe Stanley à sa première saison.

« Remporter la Coupe Stanley à l'âge de 22 ans tient de l'irréel, avoue Tyler. Apercevoir chaque jour les photos de notre Coupe Stanley me donne des frissons et me motive à vouloir en gagner une autre. »

LE SAVAIS-TU?

Tyler était membre de l'équipe canadienne qui a remporté la médaille d'or au tournoi Ivan Hlinka de 2009 en République tchèque. Il formait un redoutable trio avec l'ailier droit Tyler Seguin, des Stars de Dallas, et l'ailier gauche et deuxième choix des Panthers de la Floride, John McFarland.

SOUVENIR

« Je me souviens de ces entraînements tôt le matin qui ne nous plaisaient pas toujours quand j'étais jeune. Il fallait être sur la patinoire à 5 ou 6 heures du matin le week-end. Mais avec le recul, je réalise que j'ai beaucoup appris de ces séances d'entraînement. »

Statistiques 2015-2016

MJ	B	A	PTS
82	31	27	58

Deuxième choix des Kings de Los Angeles, 47e au total,
au repêchage d'entrée dans la LNH de 2010
Première équipe de la LNH et saison : Kings de Los Angeles, 2013-2014
Né le 24 avril 1992 à Scarborough (Ontario)
Position : centre
Tir : de la droite
Taille : 1,85 m
Poids : 90,5 kg

SIGNAUX DE L'ARBITRE

Sais-tu ce qui se passe lorsque l'arbitre arrête le jeu ou annonce une punition? Si tu ne le sais pas, tu manques une partie importante du match.

L'arbitre peut infliger des punitions plus ou moins sévères. Un joueur peut, par exemple, écoper d'une pénalité de deux minutes, mettant ainsi son équipe en désavantage numérique. Il peut même être chassé du match.

Voici quelques-uns des signaux les plus utilisés par l'arbitre. Maintenant, tu sauras quelles sont les punitions infligées à ton équipe!

Charge contre la bande
Violente mise en échec d'un adversaire contre la bande.

Assaut
Violente mise en échec d'un adversaire en fonçant sur lui.

Double échec
Frapper un adversaire avec le bâton tenu des deux mains, les bras étendus.

Coup de coude
Charger un adversaire avec le coude.

Bâton élevé
Frapper un adversaire avec le bâton tenu au-dessus de l'épaule.

Retenue
Retenir un adversaire avec les mains ou les bras.

Accrochage
Utiliser la lame du bâton pour retenir un adversaire.

Dégagement refusé
Envoyer la rondelle de son propre territoire jusque derrière la ligne de but du territoire adverse. Ne s'applique que si un adversaire touche la rondelle le premier.

Obstruction
Retenir un adversaire qui n'est pas en possession de la rondelle.

Coup de genou
Se servir du genou pour retenir un adversaire.

Inconduite
Pénalité de 10 minutes (durée la plus longue). Habituellement en raison d'une conduite abusive envers un officiel.

Rudesse
Bousculer ou frapper un adversaire.

SIGNAUX DE L'ARBITRE

Cinglage
Se servir du bâton pour frapper un adversaire.

Dardage
Donner un coup à un adversaire avec la lame du bâton.

Arrêt de jeu retardé
L'officiel attend avant de donner un coup de sifflet en cas de hors-jeu ou de pénalité. Se produit lorsque l'équipe adverse est en possession de la rondelle.

Faire trébucher
Faire trébucher un adversaire avec le bâton, la main ou le pied.

Conduite antisportive
Agir de façon antisportive envers un adversaire (en le mordant ou en lui tirant les cheveux, par exemple).

But refusé
Le but qui vient d'être marqué est refusé.

CLASSEMENT FINAL 2015-2016

ASSOCIATION DE L'EST

Division Atlantique

Équipe	MJ	MG	MP	DP	PTS
FLORIDE	82	47	26	9	103
TAMPA BAY	82	46	31	5	97
BOSTON	82	42	31	9	93
DETROIT	82	41	30	11	93
OTTAWA	82	38	35	9	85
MONTRÉAL	82	38	38	6	82
BUFFALO	82	35	36	11	81
TORONTO	82	29	42	11	69

Division Métropolitaine

Équipe	MJ	MG	MP	DP	PTS
WASHINGTON	82	56	18	8	120
PITTSBURGH	82	48	26	8	104
NY RANGERS	82	46	27	9	101
NY ISLANDERS	82	45	27	10	100
PHILADELPHIE	82	41	27	14	96
CAROLINE	82	35	31	16	86
NEW JERSEY	82	38	36	8	84
COLUMBUS	82	34	40	9	76

ASSOCIATION DE L'OUEST

Division Pacifique

Équipe	MJ	MG	MP	DP	PTS
LOS ANGELES	82	48	28	6	102
ANAHEIM	82	46	25	11	103
SAN JOSE	82	46	30	6	98
ARIZONA	82	35	39	8	78
CALGARY	82	35	40	7	77
VANCOUVER	82	31	38	13	75
EDMONTON	82	31	43	8	70

Division Centrale

Équipe	MJ	MG	MP	DP	PTS
DALLAS	82	50	23	9	109
ST. LOUIS	82	49	24	9	107
CHICAGO	82	47	26	9	103
NASHVILLE	82	41	27	14	96
MINNESOTA	82	38	33	11	87
COLORADO	82	39	39	4	82
WINNIPEG	82	35	39	8	78

MJ = matchs joués; MG = matchs gagnés; MP = matchs perdus; DP = défaites en prolongation; PTS = points

Les 10 premiers, pour les points 2015-2016

	JOUEUR	ÉQUIPE	MJ	B	A	PTS	T	%
1	PATRICK KANE	CHICAGO	82	46	60	106	287	16,0
2	JAMIE BENN	DALLAS	82	41	48	89	247	16,6
3	SIDNEY CROSBY	PITTSBURGH	80	36	49	85	248	14,5
4	JOE THORNTON	SAN JOSE	82	19	63	82	121	15,7
5	ERIK KARLSSON	OTTAWA	82	16	66	82	248	6,5
6	JOE PAVELSKI	SAN JOSE	82	38	40	78	224	17,0
7	JOHNNY GAUDREAU	CALGARY	79	30	48	78	217	13,8
8	BLAKE WHEELER	WINNIPEG	82	26	52	78	256	10,2
9	ARTEMI PANARIN	CHICAGO	80	30	47	77	187	16,0
10	EVGENY KUZNETSOV	WASHINGTON	82	20	57	77	193	10,4

MJ = matchs joués; B = buts; A = aides;
PTS = points; T = tirs; % = moyenne

Les 10 premiers gardiens de but 2015-2016

	JOUEUR	ÉQUIPE	MJ	MG	MP	DP	% A	BA	MBA
1	BRADEN HOLTBY	WASHINGTON	66	48	9	7	0,922	141	2,20
2	JONATHAN QUICK	LOS ANGELES	68	40	23	5	0,918	149	2,22
3	MARTIN JONES	SAN JOSE	65	37	23	4	0,918	143	2,27
4	BEN BISHOP	TAMPA BAY	61	35	21	4	0,926	123	2,06
5	MARC-ANDRÉ FLEURY	PITTSBURGH	58	35	17	6	0,921	132	2,29
6	ROBERTO LUONGO	FLORIDE	62	35	19	6	0,922	141	2,35
7	COREY CRAWFORD	CHICAGO	58	35	18	5	0,924	131	2,37
8	HENRIK LUNDQVIST	NY RANGERS	65	35	21	7	0,920	156	2,48
9	PEKKA RINNE	NASHVILLE	66	34	21	10	0,908	161	2,48
10	DEVAN DUBNYK	MINNESOTA	67	32	26	6	0,918	150	2,33

MJ = matchs joués; MG = matchs gagnés; MP = matchs perdus;
DP = défaites en prolongation; % A = pourcentage d'arrêts;
BA = buts accordés; MBA = moyenne de buts accordés

STATISTIQUES À LA FIN DE LA SAISON

OBJECTIF : LA COUPE — 2016-2017

ASSOCIATION DE L'EST

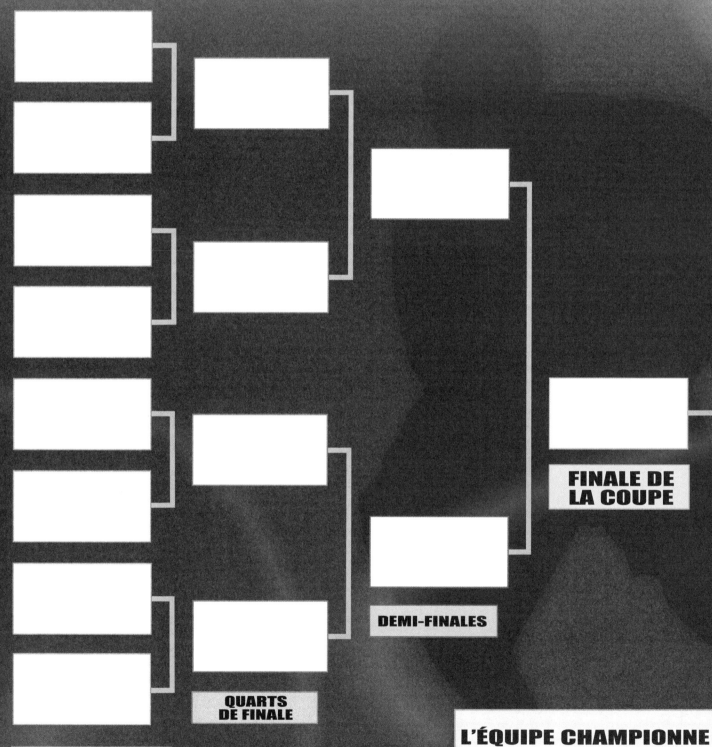

FINALE DE LA COUPE

DEMI-FINALES

QUARTS DE FINALE

PREMIER TOUR DES SÉRIES

L'ÉQUIPE CHAMPIONNE

ASSOCIATION DE L'OUEST

DEMI-FINALES

QUARTS DE FINALE

PREMIER TOUR DES SÉRIES

TROPHÉES DE LA LNH

Voici les prix les plus importants décernés aux joueurs de la LNH. Indique ton choix de joueur pour chaque trophée, puis le nom du gagnant.

TROPHÉE HART
Décerné par l'Association des chroniqueurs de hockey au joueur jugé le plus utile à son équipe.

Le gagnant 2016 : **Patrick Kane**

Ton choix 2017 : _____

Le gagnant : _____

TROPHÉE ART ROSS
Décerné au champion des marqueurs à la fin de la saison régulière.

Le gagnant 2016 : **Patrick Kane**

Ton choix 2017 : _____

Le gagnant : _____

TROPHÉE CALDER
Décerné par l'Association des chroniqueurs de hockey à la meilleure recrue de l'année.

Le gagnant 2016 : **Artemi Panarin**

Ton choix 2017 : _____

Le gagnant : _____

TROPHÉE JAMES NORRIS
Décerné par l'Association des chroniqueurs de hockey au joueur de défense qui a démontré la plus grande efficacité durant la saison.

Le gagnant 2016 : **Drew Doughty**

Ton choix 2017 : _____

Le gagnant : _____

TROPHÉE VÉZINA
Décerné au meilleur gardien de but par les directeurs généraux de la LNH.

Le gagnant 2016 : **Braden Holtby**

Ton choix 2017 : _____

Le gagnant : _____

TROPHÉE MAURICE RICHARD

Décerné au joueur qui a marqué le plus de buts en saison régulière.

Le gagnant 2016 : **Alex Ovechkin**

Ton choix 2017 : _____

Le gagnant : _____

TROPHÉE WILLIAM M. JENNINGS

Décerné aux gardiens de but ayant participé à au moins 25 matchs durant la saison, au sein de l'équipe ayant la plus basse moyenne de buts accordés.

Les gagnants 2016 : **John Gibson et Frederik Andersen**

Ton choix 2017 : _____

Le gagnant : _____

TROPHÉE LADY BYNG

Décerné par l'Association des chroniqueurs de hockey au joueur qui a démontré le meilleur esprit sportif ainsi qu'une grande habileté.

Le gagnant 2016 : **Anze Kopitar**

Ton choix 2017 : _____

Le gagnant : _____

TROPHÉE FRANK J. SELKE

Décerné par l'Association des chroniqueurs de hockey au joueur d'avant qui a démontré le plus haut degré d'excellence dans l'aspect défensif du jeu.

Le gagnant 2016 : **Anze Kopitar**

Ton choix 2017 : _____

Le gagnant : _____

TROPHÉE CONN SMYTHE

Décerné par l'Association des chroniqueurs de hockey au joueur le plus utile à son club durant les éliminatoires de la Coupe Stanley.

Le gagnant 2016 : **Sidney Crosby**

Ton choix 2017 : _____

Le gagnant : _____

TROPHÉE BILL MASTERTON

Décerné par l'Association des chroniqueurs de hockey au joueur qui a démontré le plus de persévérance, d'esprit sportif et de dévouement pour le hockey.

Le gagnant 2016 : **Jaromir Jagr**

Ton choix 2017 : _____

Le gagnant : _____

DES FUTURES SUPERVEDETTES?

La période du repêchage de la LNH est un moment fébrile pour les joueurs sélectionnés, les équipes et leurs partisans. Un élément de risque subsiste toujours; certains joueurs connaissent de grandes carrières tandis que d'autres n'atteignent jamais les attentes anticipées. Voici quelques joueurs du repêchage 2016 de la LNH qui, selon nous, ont de bonnes chances de devenir des supervedettes.

Auston Matthews

Patrik Laine

AUSTON MATTHEWS
Centre
1,88 m / 95 kg
Né le 17 septembre 1997 à Scottsdale (Arizona)
Premier choix des Maple Leafs de Toronto, 1er au total
Équipe 2015-2016 : Lions de Zurich, Ligue nationale de Suisse

PATRIK LAINE
Ailier droit
1,93 m / 93,5 kg
Né le 19 avril 1998 à Tampere (Finlande)
Premier choix des Jets de Winnipeg, 2e au total
Équipe 2015-2016 : Tappara , Ligue de Finlande

PIERRE-LUC DUBOIS
Ailier gauche
1,88 m / 91 kg
Né le 24 juin 1998 à Sainte-Agathe-des-Monts (Québec)
Premier choix des Blue Jackets de Columbus, 3e au total
Équipe 2015-2016 : Screaming Eagles de Cap Breton, LHJMQ

JESSE PULJUJÄRVI
Ailier droit
1,93 m / 91 kg
Né le 7 mai 1998 à Älvkarleby (Suède)
Premier choix des Oilers d'Edmonton, 4e au total
Équipe 2015-2016 : Karpat Oulu, Ligue de Finlande

MATTHEW TKACHUK
Ailier gauche
1,88 m / 91 kg
Né le 11 décembre 1997 à Scottsdale (Arizona)
Premier choix des Flames de Calgary, 6e au total
Équipe 2015-2016 : Knights de London, Ligue de l'Ontario